Die Taufe am Kleinen Jordan

500 Jahre erste evangelische Taufe im
Altenburger Land mit szenischem Spiel
in vier Akten

von Arnhild Kump

© 2024 Arnhild Kump

Bearbeitung: Wilmi Gerber/Annette von Biela
Regie: Wolfgang Gerber und Carsten Heyn
Covergestaltung, Layout: Martin Urbanek
Foto der Autorin: Barbara Löwe

ISBN: 978-3-384-31113-9

Druck und Distribution im Auftrag der Autorin:
tredition GmbH, Halenreie 40-44, 22359 Hamburg, Germany

Grußwort

Liebe Leserinnen und Leser!

... wir wollen unsere Bitte vor Gott tragen ...
Das ist ein Satz des Predigers Bartholomäus im Theaterstück – dahinter steht die Bitte um die Taufe seines Neffen.
... wir wollen unsere Bitte vor Gott tragen ... - das gilt von damals bis heute.

Vor 500 Jahren – stürmische Zeiten. Hat sich daran etwas geändert? Martin Luther ging es ja nicht darum, eine neue Kirche zu gründen, sondern seine katholische Kirche zu verändern. Weg von der Macht einzelner in Kirche und Politik, hin zum Glauben. Deshalb hat er „den Leuten auf´s Maul geschaut" und die Bibel so übersetzt, dass sie verstanden werden konnte.

Die stürmischen Zeiten sind längst nicht vorüber – wir kämpfen heute darum, dass unsere Gesellschaft nicht zerbricht, die Schöpfung bewahrt wird und das Evangelium verkündigt wird. Das tun wir längst nicht mehr nur als Katholische und Evangelische Kirche, sondern auch in vielen Freikirchen und kleinen Gruppen. Und wir tun es zusammen – in ökumenischer Gemeinschaft. Unsere Unterschiede – in der Praxis unseres Glaubens, in der Feier des Heiligen Abendmahls und in der Taufe – sind dabei immer kleiner als unsere Gemeinsamkeit: das Bekenntnis zum dreieinigen Gott, dem Vater, dem Sohn und dem Heiligen Geist. Und in der Ausrichtung auf Jesus Christus hin können wir uns zusammen freuen, wenn Menschen den Weg zum Glauben finden und sich taufen lassen. So blicken wir mit dem Theaterstück von Arnhild Kump, bearbeitet von Wilmi Gerber auf die Zeit vor 500 Jahren, auf die erste evangelische Taufe im Altenburger Land.

Herzlichen Dank für alle Gedanken, für alles Nachlesen, für alles Formulieren und wieder verwerfen, für wieder nachlesen, ... einfach für alles! Jetzt können wir das Theaterstück zum Tauffest am 24. August 2024 in Göhren am Kleinen Jordan erleben (nur ca. 2 km von der historischen Taufstelle entfernt) und in diesem kleinen Büchlein immer wieder lesen.

… wir wollen unsere Bitte vor Gott tragen …

Um Frieden in unseren stürmischen Zeiten, um die Stärkung des Glaubens für alle Menschen!

Annette von Biela
Superintendentin des Evangelisch-Lutherischen Kirchenkreises
Altenburger Land

Inhalt

Schlussstein der alten Fahrbrücke über den Kleinen Jordan
in Lossen

Vorwort

Vor 500 Jahren taufte der Tegkwitzer Prediger Bartholomäus Kratzsch, der ein früher Anhänger von Reformator Martin Luther war, den Sohn seines Bruders im nahe dem elterlichen Bauernhof in Lossen gelegenen Deutschen Bach. Seitdem wird dieser Abschnitt des Gewässers Kleiner Jordan genannt. In Erinnerung an dieses besondere Ereignis feierten wir am 24. August 2024 ein großes Tauffest, zu dem alle Kirchgemeinden des Kirchenkreises Altenburger Land und Interessierte aus der ganzen Region eingeladen waren. Mehrere Täuflinge wurden im festlichen Gottesdienst nach alter evangelischer Tradition im Kleinen Jordan getauft. Anschließend fand die Uraufführung des Theaterstücks „Die Taufe am Kleinen Jordan" von Arnhild Kump statt. Die Mitwirkenden waren Laienschauspieler aus den Gemeinden des Kirchenkreises, die mit viel Freude das Stück unter der Leitung der beiden Regisseure, Wolfgang Gerber und Carsten Heyn, einstudiert hatten.

Ein herzliches Dankeschön an alle, die zum Gelingen des Tauffestes und der Aufführung des Stücks beigetragen haben. Damit das historisch bemerkenswerte Ereignis auch weiterhin eine angemessene Würdigung erhält, haben wir das Geschehen in dieser Broschüre schriftlich festgehalten.

Arnhild Kump,
Tegkwitz/Wien im August 2024

Blick von Lossen nach Gödern

Bibelstelle - Die Taufe Jesu

Mk 1,9-11

In jenen Tagen kam Jesus aus Nazareth in Galiläa und ließ sich von Johannes im Jordan taufen.

Und als er aus dem Wasser stieg, sah er, dass der Himmel sich öffnete und der Geist wie eine Taube auf ihn herabkam.

Und eine Stimme aus dem Himmel sprach: Du bist mein geliebter Sohn, an dir habe ich Gefallen gefunden.

Die Taufe von Jesus von Nazareth im Jordan, einem Fluss im Nahen Osten, ist ein Ereignis, dass nicht nur Christen bekannt ist. Johannes taufte Jesus in dem berühmten Fluss und wurde deshalb „Johannes der Täufer" genannt. Noch heute feiern wir seinen Geburtstag am 24. Juni.

Johannes war ein frommer Jude, der ein asketisches Leben führte. Er machte sich im Alter von ungefähr 30 Jahren auf, um am Ufer des Jordan und in der Wüste zu predigen. Er rief angesichts des kommenden Gottesgerichts und der Wiederkehr eines Messias die Menschen zur Umkehr und Taufe auf. Vor der Taufe sollten sie ihre Schuld bekennen und um Vergebung der Sünden bitten. Seine Anhängerschaft wurde immer zahlreicher. Viele Juden ließen sich von ihm taufen. Eines Tages befand sich auch Jesus unter den Taufwilligen. Johannes erkannte in ihm den Messias, den Gottgesandten. Er taufte Jesus im Jordan. Als der aus dem Wasser stieg, sieht er den Himmel geöffnet und den Heiligen Geist in der Gestalt einer Taube herabkommen. Er hörte eine Stimme, die ihn "seinen geliebten Sohn" nannte.

Die Reformationszeit

Die Jahrzehnte vor Beginn der Reformation im Jahr 1517 waren von kirchlichen Missständen und allgemeinen Unruhen geprägt. Die Menschen waren sehr fromm, weil sie Angst vor Hungersnöten, Krankheiten und den Naturgewalten hatten. Damals gehörte das Ablasswesen für die Menschen zum täglichen Glaubensleben. Sie hofften auf die Hilfe Gottes. Pilgerfahrten, der Reliquienkult und die kirchlichen Feiertage erlebten eine besondere Wertschätzung. Der Kirchenbau boomte. Die rege Bautätigkeit führte zu einer letzten Blüte der Spätgotik. Noch heute können wir bedeutende Bauwerke und Kunstgüter aus dieser Epoche bewundern, die seitdem zahlreiche Kriege überstanden haben.

Mit Martin Luthers Thesenanschlag in Wittenberg am 31.10.1517 begann eine neue Epoche. Der Augustinermönch prangerte mit seiner Streitschrift den Ablasshandel an, der den Menschen versprach, sie vor der Hölle zu bewahren. Für dieses Versprechen opferten viele ihre wenige Habe. Der Erlös des Ablasshandels wurde vor allem zur Erbauung des Petersdoms in Rom verwendet. Luther forderte vom Klerus, den Herrschern und dem Volk eine Rückbesinnung auf die ursprünglichen Werte des Christentums. Seine 95 Thesen wurden umgehend gedruckt und gelangten, dank der Erfindung des Buchdrucks 50 Jahre vorher durch Johann Gutenberg, schnell zu den Menschen in nahe und weit entfernt liegende Dörfer und Städte. So konnte sich die Reformationsbewegung rasch in Deutschland und ganz Europa ausbreiten.

1521 veranlasste Georg Spalatin, der Berater von Kurfürst Friedrich dem Weisen von Sachsen war, nach dem Reichstag in Worms, wo Luther seine Schriften verteidigt hatte, dessen Entführung auf die Wartburg, um ihn in Sicherheit zu bringen. Er hielt während Luthers zehnmonatigen Aufenthalts auf der Burg die Verbindung zu ihm aufrecht und schickte ihm seine eigene Bibel, anhand dieser Luther das Neue Testament von Latein in deutsche Sprache übersetzte. Danach kehrte Luther wegen großer Auseinandersetzungen der Geistlichen nach Wittenberg zurück.

Die erste Lutherbibel in Deutsch wurde 1534 von Hans Lufft in Wittenberg gedruckt. Endlich konnte das Volk die Texte hören und verstehen. Es folgten weitere Schriften in deutscher Sprache, die nötig waren, damit die anwachsende Zahl der evangelischen Prediger, die Grundlagen der neuen Glaubenspraxis in deutscher Sprache praktizieren konnten. So trug Luthers Wirken wesentlich zur Entwicklung der deutschen Sprache bei, wie wir sie heute kennen. Im Verlauf der Reformation wurde auch das Schulwesen demokratisiert. Jungen und Mädchen in den Städten und Dörfern wurden zu gebildeten und mündigen Christen, die selbst in der Bibel lesen konnten und auch lernten, die Welt besser zu verstehen. Kaum ein Lebensbereich blieb von der Reformation verschont.

Bartholomäus Kratzsch und das Altenburger Land

In dieser Zeit des Umbruchs wurde Bartholomäus Kratzsch, als Sohn eines Altenburger Bauern, wahrscheinlich zwischen 1490 und 1500 geboren. Genaue Angaben sind leider nicht zu finden, weil es damals noch keine Kirchenbucheinträge gab. Auch sein Geburtsort ist deshalb unbekannt. Möglich wäre aber das Dorf Lossen, da dort sein Bruder Martin mit seiner Familie lebte. Es könnte sich also um den dortigen elterlichen Hof handeln, der später noch eine bedeutende Rolle in unserer Geschichte spielen wird.

Da sich das Dorf Lossen ziemlich nahe der Stadt Altenburg befindet, ist es naheliegend, dass Bartholomäus in der Stadt eine Bürgerschule besuchte. Die Altenburger berühmte Lateinschule wurde erst gegründet, nachdem Wenzeslaus Linck als evangelischer Prediger fest Fuß gefasst hatte. Altenburger Bürger hatten sich mit der Bitte um einen protestantischen Prediger an den Kurfürsten und Luther gewandt. Im Juni 1522 wurde Linck zum evangelischen Prediger in Altenburg ernannt. Am 15. April 1523 traute Martin Luther Wenzeslaus Linck und die Tochter des Altenburger Rechtsgelehrten Suicer in der St. Bartholomäikirche. Mit dem Reformator kamen seine Vertrauten Philipp Melanchthon, Eberhard Brisger, Lucas Cranach, Justus Jonas und Johannes Bugenhagen in die Stadt. Es war die erste Ehe eines Geistlichen in Altenburg. Der Reformator predigte auch öffentlich in der Brüderkirche. Wahrscheinlich hatte ihn der junge Bartholomäus Kratzsch in dieser Zeit gehört und war von seinen reformatorischen Ideen begeistert, so dass er schon 1523 als erster evangelischer Prediger in Tegkwitz genannt wird. In den Kirchenvisitationen 1528 und 1533 wurde er für „zimlich gelert" befunden. Der berühmte Monstaber, Pfarrer Mag. Johann Tauchwitz (1558-1633), geboren im Tegkwitzer Pfarrhaus, weil sein Vater dort Pfarrer war, schrieb in seinen Kollektaneen mehrfach über Bartholomäus Kratzsch und die erste evangelische Taufe im Altenburger Land.

Die Taufe in Lossen

Im Dorf Lossen, nahe Altenburg gelegen, wurde dem Bauern Martin Kratzsch und seiner Frau 1524 ein Sohn geboren, der nach dem Willen seiner Eltern evangelisch getauft werden sollte. Da der in der zuständigen Pfarre in Gödern amtierende katholische Geistliche Simon Töpfer sich weigerte, das Kind evangelisch in seiner Kirche zu taufen, bat der Bauer seinen Bruder Bartholomäus in Tegkwitz um Hilfe. Ehrn Töpfer war damals ein treuer Anhänger der katholischen Papstkirche. Der Tegkwitzer evangelische Prediger Kratzsch erklärte sich bereit, das Kind nach Luthers Taufbüchlein zu taufen. Da er aber die noch herrschende katholische Mehrheit nicht gegen sich aufbringen wollte, überlegte er sich eine mutige Notlösung. Das Kind sollte am Bach neben dem Bauernhof der Familie in Lossen getauft werden. Es wurde ein Brett über den Bach gelegt, von dem aus er die Liturgie aus Luthers Taufbüchlein verlas und anschließend das Kind mit dem Wasser des Deutschen Baches auf den Namen Abraham taufte. Das Ereignis wurde von zahlreichen Neugierigen aufmerksam verfolgt und weitererzählt. Die bemerkenswerte Begebenheit war den Menschen offensichtlich so wichtig, dass sie einige Zeit später eine Nachricht darüber in den Schlussstein auf der östlichen Seite der alten Fahrbrücke gravieren ließen. Seitdem wird dieser Abschnitt des Deutschen Baches „Kleiner Jordan" genannt.

Leider ist bis heute nichts über den Verbleib von Bartholomäus Kratzsch bekannt. „Nach katholischer Sage soll er mit einer Magd auf dem Edelhofe Ehebruch getrieben haben und mit derselben nach Böhmen entflohen sein; das Wahre aber ist, dass er hier heiratete und von da auf ein evangelisches Pfarramt bei Leipzig kam."
Zitat: Löbe, Geschichte der Kirchen und Schulen des Herzogthums Sachsen/Altenburg, 1886

Es gibt also mehrere Möglichkeiten. Die Variante Westböhmen wäre denkbar, weil Kratzsch wahrscheinlich Mag. Johann Mathesius aus seiner Altenburger Zeit kannte, als dieser von 1530 bis 1532 als Baccalaureus an der Lateinschule tätig war, bevor er von Luther nach Joachimsthal berufen wurde. Dort gründete er eine Lateinschule und setzte sich für die Einführung der Reformation in Westböhmen ein. Für seine umfassende Aufgabe benötigt er evangelische Prediger. Möglicherweise folgte Bartholomäus Kratzsch seinem Aufruf. Im Jahr 1540 kehrte Mathesius nach Wittenberg zurück und wurde Luthers Vertrauter. Von 1540 bis 1542 schrieb er Luthers Tischgespräche auf und verfasste die erste Lutherbiografie. Bartholomäus Kratzsch könnte, wie alle anderen evangelischen Prediger nach der Gegenreformation aus Westböhmen vertrieben worden sein. Vielleicht hat man ihn danach in ein Predigtamt bei Leipzig berufen. In Radefeld bei Delitzsch wird im Jahr 1670 ein Pfarrer Christian Kratzsch erwähnt. Vielleicht handelt es sich bei ihm um einen Nachkommen des ehemaligen Tegkwitzer Pfarrers.

Im Hauptstaatsarchiv Weimar befindet sich im Bestand „Ernestinisches Gesamtarchiv – Registrande O (Wittenberg, Jena, Spalatin, Ehesachen)" eine Akte zu den Anschuldigungen gegen Kratzsch wegen Ehebruchs im Jahr 1539 – Pfarrer in Teckwitz (Tegkwitz) Bartholomäus Kratz ist des Ehebruchs beschuldigt worden.

- Archivalien-Signatur: 1434
- Bestandssignatur: 6-11-0017
- Datierung: 1539

Eventuell ergeben sich aus dieser Akte Hinweise auf den weiteren Verbleib Kratzschs, zumindest darüber, wohin er sich zunächst gewandt hat. Diese Aufgabe bleibt noch zu klären.

Arnhild Kump

Scheune von Bauernhof an der Fahrbrücke über den
Kleinen Jordan in Lossen

Tegkwitzer Kirchenchronik 1688-1869

II. Nachrichten die kirchlichen Angelegenheiten der hies. Gemeine
betreffend.

In der hiesigen Gemeine hat die durch die Reformation wiederher-
gestellte evangelische Lehre frühzeitig Eingang gewonnen. Im Jahr
1523 war hier Bartholomäus Kratsch als Pfarrer befindlich. Dieser
nahm die evangel. Lehre an und predigte sie, fing auch im gedachten
Jahre an nach Luthers Taufbüchlein in deutscher Sprache zu taufen.
Dies hat zu folgender im Jahr 1524 geschehenen Begebenheit Anlaß
gegeben. Ein Bauer in Lossen Nahmens Martin Kratsch ersuchte den
damaligen Pfarrer zu Gödern Simon Töpfer, daß dieser einen ihm ge-
bornen Sohn nach lutherischer Weise in Deutscher Sprache tauffen
mögte. Da aber dieser, der noch der päpstlichen Kirche eifrig zugethan

war das Begehren des gedachten Martin Kratsch abschlug, wendet sich der letztere an den hiesigen Pfarrer mit der Bitte, sein Kind auf dieselbe Weise wie er in der hiesigen Kirche angefangen habe, zu taufen. Der Pfarrer erklärte seine Bereitwilligkeit, dieser Bitte zu rechtfahren, trug jedoch Bedenken, die Taufhandlung in der hiesigen Kirche zu vollziehen. Er begab sich daher nach Lossen, ließ daselbst in dem Ort, wo jetzt die Gemeine Brücke ist, ein Bret über den Bach legen, auf welches er trat, und taufte nach vorgängiger Belehrung der Anwesenden, von Johannes der Herrn Christus, den Jordan und alle Wasser durch seine Taufe und Neuordnung geheiligt habe, das ihm dargebrachte Kind, welches den Nahmen Abraham erhielt, ohne die päbstischen abergläubigen Gebräuche, nach lutherischer Weise und in deutscher Sprache. Viele Einwohner des Dorfes waren als Augenzeugen gegenwärtig. Und der Bach, an dem dieses Geschehen ist, von der Zeit an, der Lossener Jordan genannt wurden.

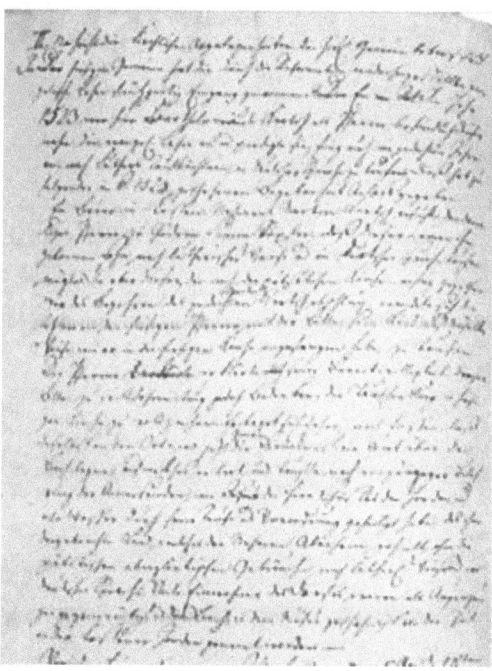

Szenisches Spiel – Die Taufe am Kleinen Jordan

Personen:

Herold

Evangelischer Prediger Bartholomäus Kratzsch

Sein Bruder Martin

Viel Volk (Bürger, Bauern, Jugendliche und Kinder)

Altenburger Geistlicher 1

Altenburger Geistlicher 2

Frau 1

Frau 2

Mädchen 1

Mädchen 2

Junge Frau 1

Junge Frau 2

Mutter Kratzsch

Martins Frau mit Baby

Ehrn Töpfer

Die Taufe am Kleinen Jordan

Szenisches Spiel in vier Akten von Arnhild Kump
Bearbeitung: Wilmi Gerber / Annette von Biela

Erster Akt - Die erste evangelische Trauung in Altenburg am Samstag, dem 14. April 1523

1. Szene – auf der Straße vor der Bartholomäikirche in Altenburg, Herold, Glockengeläut von St. Bartholomäi.

HEROLD *(schreitet über die Bühne)* Hört ihr Leute, ihr Leute hört her! Am heutigen Samstag, den 14. April im Jahre 1523 wird mit der kurfürstlichen Erlaubnis in der Bartholomäikirche die erste evangelische Trauung in unserer Stadt vollzogen. Dr. Martin Luther persönlich nimmt die Trauung von Dr. Wenzeslaus Linck und der Tochter des hiesigen Rechtsgelehrten Suicer vor.
Hört, ihr Leute, ihr Leute hört her! Am heutigen Samstag ... *(geht ab)*

2. Szene - zwei Geistliche aus dem Volk, Frau 1 und 2; Mädchen 1 und 2; Bürger und Bauern aus dem Altenburger Land vor der Kirche St. Bartholomäi.

FRAU 1: Seht! Da kommen sie! Voran das Brautpaar.
FRAU 2: Ja, ich sehe sie. Sie kommen.
VOLK: Ja, da kommen sie. *(Gedränge und Geschubse)*
GEISTLICHER 1: Vor dem Brautpaar gehen Martin Luther und seine Freunde aus Wittenberg.
GEISTLICHER 2: Ich sehe die Gelehrten Philipp Melanchton und Justus Jonas.
GEISTLICHER 1: Auch Johannes Bugenhagen und Lukas Cranach sind dabei.
GEISTLICHER 1/2: Welch eine Ehre für das Brautpaar.
VOLK: Und für Altenburg!

MÄDCHEN 1: Guck mal, Martin Luther ist gar nicht so groß wie ich gedacht habe.

MÄDCHEN 2: Die Blumen – so bunt und schön! Das möchte ich auch zu meiner Hochzeit haben! Ist die schön, die Braut!

GEISTLICHER 2: Es ist die erste evangelische Trauung in Altenburg. Und dann noch von Luther selbst vollzogen! Von diesem besonderen Ereignis wird man sicherlich noch lange erzählen.

FRAU 1: Der Kurfürst selbst hatte von Weimar aus Dr. Wenzeslaus Linck als evangelischen Prediger bestimmt, weil die Altenburger mit seinem Vorgänger unzufrieden waren.

FRAU 2: Ja, weil die Altenburger unzufrieden waren! Wegen der Streitigkeiten der Altenburger Ratsherrn mit den Mönchen. Da ist es das Beste, jemand von außerhalb übernimmt das geistliche Amt.

FRAU 1: *(leise für sich)* Ob das in 500 Jahren auch noch so sein wird mit der Postenverteilung?

GEISTLICHER 1: Linck ist ein gebürtiger Colditzer, er hat in Erfurt studiert, die Doktorwürde erlangt und war schon in Nürnberg als Pfarrer tätig. Nun wird er hier bei uns dafür sorgen, dass sich der neue Glauben ausbreiten kann.

FRAU 2: Seine Hochzeit mit einer Tochter eines hiesigen Rechtsgelehrten wird sich fördernd auf seine wichtige Aufgabe auswirken. Da bin ich mir sicher.

VOLK: Sie kommen! Sie kommen!

FRAU 1: Oh, wie würdevoll sie alle dahinschreiten in ihren festlichen Kleidern. So einen Brautzug gab es hier noch nie. Die Herren haben einen weiten und beschwerlichen Weg hinter sich.

JUNGE FRAU 1: Ach, das ist Melanchthon!

JUNGE FRAU 2: Ist Lukas Cranach nicht der Maler?

JUNGE FRAU 1: Der ist doch der Drucker!

JUNGE FRAU 2: Nein, er ist beides!

FRAU 1: In welchem Gasthof werden sie wohl übernachten?

FRAU 2: Ich freue mich schon auf die Trauung in St. Bartholomäi. Hoffentlich bekomme ich noch einen Platz. Es werden sicherlich viele Gäste und Neugierige da sein.

GEISTLICHER 1: Und morgen, am Sonntag, soll Martin Luther dort auch im Gottesdienst predigen.

FRAU 2: Was er uns wohl sagen wird über den neuen Glauben?

FRAU 1: Wir werden es hören und weitersagen, damit es unsere Familien daheim auch erfahren.

Zweiter Akt - Sommer 1524 im Kirchhaus in Tegkwitz

Amtsstube im Kirchhaus Tegkwitz, der Prediger Bartholomäus Kratzsch bekommt Besuch von seinem Bruder Martin aus Lossen, Martin tritt ein.

BARTHOLOMÄUS: Wie schön, lieber Bruder, dich zu sehen! Doch was verschafft mir die Ehre, dass du zu Fuß mitten im Sommer von Lossen nach Tegkwitz läufst? Dein Anliegen muss wichtig sein. Bitte setzt Dich und erzähle mir.

MARTIN: Ja Bruder, ich brauche Deinen Rat.

BARTHOLOMÄUS: Sehr gerne will ich Dir behilflich sein. Doch zuerst möchte ich nach dem Wohlergehen unserer Familie fragen. Seit mehr als einem Jahr bin ich schon als Prediger in Tegkwitz. Leider kann ich Euch nur noch selten besuchen. Mein Vorgänger, der Pleban Georg Behrer, ist von seinem Bischof in Naumburg abberufen worden. Deshalb kann ich nun im alten Kirchhaus wohnen und meinen Dienst in der Kirche nebenan und im Dorf tun. Und es ist viel zu tun, wie du dir denken kannst.

MARTIN: Vater und Mutter sind wohlauf, auch meine Frau und unser kleiner Sohn. Nun steht seine Taufe bevor. Ich möchte, dass unser Sohn evangelisch getauft wird. Aber da gibt es große Schwierigkeiten.

BARTHOLOMÄUS: Ja, es sind viele Neuerungen, die nicht leicht für das Volk zu verstehen sind. Wie du weißt, habe ich in Altenburg die Bürgerschule besucht und viel dort über den alten Glauben gelernt. Doch nun ist eine neue Epoche angebrochen. Von Anfang an war ich von Luthers Lehren begeistert, weil sie für die Menschen verständlich sind. Ich hörte seine Predigten in St. Bartholomäi und habe seine bei Gabriel Kantz in der Sporenstrasse gedruckten Lehrtexte gesammelt und mit nach Hause genommen, um sie eingehend zu studieren. Wenn ich mich recht erinnere, ist das im vorigen Jahr von Luther verfasste Taufbüchlein darunter.

MARTIN: Ja, lieber Bruder, es braucht sicherlich viel Zeit, bis alle Leute den neuen Glauben verstehen und nach ihm leben werden. Zu lange befolgten sie die Vorschriften des Bischofs und hatten sich völlig darauf eingestellt. Aber jetzt höre ich von vielen, dass sie mehr vom neuen Glauben wissen wollen. Sie sind neugierig geworden und vertrauen Luther, „der dem Volk aufs Maul schaut".

BARTHOLOMÄUS: Seit der Hochzeit des Dr. Linck haben viele Paare den Wunsch, sich wie Linck, nach evangelischem Ritus trauen zu lassen. Aber es gibt viele Widerstände. Die Macht der katholischen Kirche ist noch lange nicht gebrochen. Der Arm des Papstes reicht nicht nur bis nach Naumburg und Zeitz. Nein, sogar bis in die kleinsten Dörfer des Altenburger Landes.

MARTIN: So ist es. Noch sind die meisten Geistlichen treu dem Papsttum zugetan, so wie unser Ehrn Simon Töpfer in Gödern. Ich hatte mich vor ein paar Tagen mit meinem wichtigen Anliegen an ihn gewandt. Er hat mich nicht einmal angehört. Als er hörte, dass ich meinen Sohn evangelisch taufen lassen möchte, hat er mich hinausgeworfen. In seiner Kirche wird nur katholisch getauft, hat er mir nachgerufen. Könntest Du noch einmal mit ihm reden? Vielleicht lässt er sich von Dir umstimmen.

BARTHOLOMÄUS: Mein lieber Bruder, es freut mich, dass du mit so einem wichtigen Anliegen zu mir kommst. Ich will versuchen, dir zu helfen. Aber ich mache mir wenig Hoffnung, weil ich schon viel von seiner Unbelehrbarkeit gehört habe. Doch vielleicht gibt es einen Weg. Wir wollen unsere Bitte vor Gott tragen.

Der evangelische Prediger Bartholomäus Kratzsch
auf der Fahrbrücke über den Deutschen Bach in Lossen

Dritter Akt – 1524 im Bauernhof der Familie Kratzsch und am Deutschen Bach in Lossen

1. Szene – In der Bauernstube

Mutter Kratzsch freut sich über den Besuch ihres Sohnes Bartholomäus, der aus Tegkwitz herüberkommt, später erscheint Sohn Martin.

MUTTER: Lieber Sohn, wir freuen uns über deinen Besuch. Auf deinen Wegen nach Altenburg steht dir unsere Hoftür immer für eine Rast offen. Du kennst meine Kochkünste. Ich mache aus dem Wenigen, was wir haben, ein festliches Gericht. Wie ist es dir in Tegkwitz ergangen? Kommst du mit dem Patronatsherrn auf der Wasserburg zurecht?

Immerhin bist du ihm verpflichtet und hast durch ihn ein gutes Einkommen.

BARTHOLOMÄUS: Mutter, mach dir keine Sorgen. Du weißt, wie gern ich euch besuche. Es gibt immer viel zu erzählen. Als Geistlicher höre ich, worüber im Volk gesprochen wird. Schließlich bin ich als Seelsorger darauf angewiesen. Ich möchte die Leute mit all ihren Freuden und Sorgen verstehen.

MUTTER: Dein Amt ist wirklich nicht leicht, vor allem nicht in der Zeit des Umbruchs. Der neue Glaube erfordert bei seiner Umsetzung viel Mut und Zielstrebigkeit.

BARTHOLOMÄUS: Du sagst es. Luther muss sich in Wittenberg gegen alle Widerstände durchsetzen und ich hier bei uns.

MUTTER: Ich unterstütze den Wunsch deines Bruders voll und ganz, mein Enkelsohn soll evangelisch getauft werden. Doch bedenke, Ehrn Töpfer in Gödern ist ein Papist durch und durch.

BARTHOLOMÄUS: Ja, Mutter. Deshalb habe ich lange über die Sache nachgedacht und mit Martin eine Lösung des Problems gefunden. Er hat mit seinen Freunden ein dickes Brett über den Deutschen Bach gelegt, der neben deinem Hof vorbeifließt. Darauf kann ich stehen und den Kleinen mit dem Bachwasser taufen. So wie es Johannes am Jordan getan hat. Es ist besser wir vollziehen die Taufe etwas außerhalb des Dorfes, damit wir Ehrn Töpfer nicht noch weiter verärgern.

MARTIN: *kommt:* Barthel wir sind so weit. Alles ist vorbereitet. So wie du es gewünscht hast. Du wirst staunen, wie viele Leute gekommen sind. Alle Lossner sind da, sogar aus den umliegenden Dörfern und aus Altenburg sind viele Leute gekommen.

BARTHOLOMÄUS: Dann lasst uns aufbrechen. *(Alle ab)*

2. Szene - Am Deutschen Bach

Mutter Kratzsch, Martin, Martins Frau mit Baby, viel Volk, Bartholomäus, etwas abseits Ehrn Töpfer.

MARTIN: Da oben an der Straße sehe ich Ehrn Töpfer. Ihn hat sicher die Neugier getrieben, sich die Sache anzuschauen und danach seinem

Bischof darüber zu berichten. Was soll' s! Wir lassen uns nicht von unserem Entschluss abbringen.

MARTINS FRAU: Martin, endlich ist es so weit! Hoffentlich geht alles gut. Wenn ich ehrlich bin, habe ich doch Angst vor dem was kommt. Du weißt, Ehrn Töpfer ist unberechenbar. Der Hof in Lossen ist unser Zuhause. Wir dürfen ihn keinesfalls verlieren.

MARTIN: Hab' keine Angst, Frau. Es wird alles gut gehen. Jetzt komm. Hast du den Kleinen auch in warme Tücher gewickelt? Das Wasser des Deutschen Bachs ist sehr kalt.

MARTINS FRAU: Noch schläft unser Kleiner friedlich. Hoffen wir, dass alles gut geht.

BARTHOLOMÄUS: Liebe Leute! Was für ein Tag! Ich habe Luthers Taufbüchlein mitgebracht, dass dieser erst im vorigen Jahr in deutscher Sprache geschrieben hat, damit ihr die Amtshandlung verstehen könnt. Luther gibt uns Geistlichen vor, wie eine evangelische Taufe ablaufen soll. Die Amtshandlung wird also eine Weile dauern. Hört nun auf seine Worte:

Bartholomäus liest den Eingangstext vor und schöpft dann mit der bloßen Hand Wasser aus dem Bach und tauft damit das Kind. Er schlägt das Kreuz und murmelt:

Der allmächtige Gott und Vater unseres Herrn Jesu Christi, der dich anderweitig geboren hat, durchs Wasser und den heiligen Geist, und hat dir alle deine Sünden vergeben, der stärke dich mit deiner Gnade zum ewigen Leben. Amen. Friede sei mit dir. Amen.

Abraham, ich taufe dich im Namen des Vaters, des Sohnes und des Heiligen Geistes. Amen.

Die Taufgemeinde geht in feierlicher Prozession ab.

Die Taufhandlung auf einem Brett über den Deutschen Bach
in Lossen im Jahr 1524

Vierter Akt – Der vierte Akt spielt 15 Jahre später im Jahr 1539 im Kirchhaus in Tegkwitz

Bartholomäus sitzt in seiner Amtsstube, Martin kommt aus Lossen zu Besuch.

MARTIN: Guten Tag Bruder Barthel. Ich hoffe, mein Besuch heute ist dir recht? Das Wetter hat es erlaubt, dass ich mich zu Dir auf den Weg machen konnte. Es gibt wichtige Neuigkeiten, die ich dir erzählen möchte.

BARTHOLOMÄUS: Komm, setz dich und erzähle.

MARTIN: Stell dir vor, die Leute aus Lossen haben vor, die alte Brücke über den Deutschen Bach zu erneuern. In den Schlussstein der Brücke soll die Nachricht über die erste evangelische Taufe im Altenburger Land geschrieben werden. Ist das nicht großartig! Sie nennen den Lossener Teil unseres Deutschen Baches seit damals „Kleiner Jordan". Was sagst Du dazu?

BARTHOLOMÄUS: Kleiner Jordan. Das ist wirklich biblisch.

MARTIN: Deine mutige Tat damals ist den Menschen offensichtlich sehr wichtig. Unser kleiner Abraham ist nun fast 15 Jahre alt und richtig berühmt. In vielen Kirchen der Umgebung wurde die Nachricht von seiner besonderen Taufe am „Kleinen Jordan" verlesen. Inzwischen werden in zahlreichen Kirchen evangelische Taufen vollzogen. Ist das nicht großartig?

BARTHOLOMÄUS: Das ist alles wirklich sehr erfreulich. Wie schade, dass unsere Eltern das nicht mehr erleben können. Du weißt, wie wichtig mir die Familie ist. Abraham wird unser Familienerbe bewahren. Da bin ich mir ganz sicher.

Doch auch ich habe Neuigkeiten für Dich, Martin. Erfreulicherweise habe ich in den letzten Jahren hier in Tegkwitz viel erreicht. Der evangelische Glauben hat sich bei uns durchgesetzt, auch wenn sich die Gelehrten noch über theologische Grundlagen streiten. Sogar in die Nachbarländer hat er sich ausgebreitet. Beten und hoffen wir, dass nach den turbulenten Jahren endlich wieder ruhigere Zeiten kommen.

MARTIN: Ja, Bruder, das wünsche ich mir auch. Aber nun sag endlich, was dich bewegt.

BARTHOLOMÄUS: Seit sechzehn Jahren wohne ich nun schon allein hier im Kirchhaus in Tegkwitz. Ich bin nicht mehr der Jüngste. Vor einiger Zeit habe ich mich mit einem hübschen Mädel aus dem Rittergut angefreundet. Sie bedeutet mir sehr viel. Ich möchte sie gern heiraten und mit ihr fortgehen.

MARTIN: Fortgehen? Aber warum?

BARTHOLOMÄUS: In Altenburg wurde 1522 eine Lateinschule gegründet, um den Schülern mehr und besseres Wissen zu vermitteln. Johannes Mathesius, der aus Rochlitz stammt, war dort Baccaulareus. Ich bin ihm in Altenburg mehrmals begegnet. Inzwischen wurde er von Luther beauftragt, die Reformation in Westböhmen umzusetzen. Er sucht erfahrene Geistliche. Deshalb sprach er mich an, ob ich dort eine solche Aufgabe übernehmen könnte. Ich habe zugesagt. Bald werde ich das Mädel heiraten und mit ihr im Westböhmischen ein neues Leben beginnen.

MARTIN: Wir müssen Abschied nehmen? Oh, wie wirst du mir fehlen!

BARTHOLOMÄUS: Ihr mir auch, glaube mir. Doch bevor wir reisen, wollen wir zuerst eine fröhliche Hochzeit feiern.

Die Brüder fallen sich in die Arme.

(JUNGE FRAU 1: Kannst du dich noch erinnern? Vor 15 Jahren in Altenburg? Die große Hochzeit zu der sogar Martin Luther da war?

JUNGE FRAU 2: Ja, ich erinnere mich, besonders an die Blumen!

JUNGE FRAU 3: Und ich mich an die Braut! Die fand ich so schön! Und jetzt sind wir selber schon verheiratet!

FRAU 1: Das war schön! Und jetzt werden wir wieder feiern!

FRAU 2: Macht alle mit! Lasst uns tanzen!)

VOLK: *Jauchzen und tanzen zur Musik – ein Hochzeitstanz.*

E n d e

Aus Einzelbuchstaben und Wortfragmenten ergibt sich zum Taufstein sinngemäß folgender Inhalt:

„Bartholomäus Kratz, Pfarrer zu Tegkwitz,
taufte an dero Stelle 1524 den Sohn des Bauern
Martin Kratzsch zu Lossen auf den Namen Abraham.
Fortan heißt der Bach Kleiner Jordan."

SCHLOSSMUSEUM ALTENBURG

FERNRUF 4393   7400 ALTENBURG, den ___28.01.1994___

Aus Einzelbuchstaben und Wortfragmenten
ergibt sich zum Taufstein sinngemäß
folgender Inhalt:

Bartholomäus Kratz, Pfarrer zu Tegkwitz,
taufte an dero Stelle 1524 den Sohn des Bauern
Martin Kratzsch zu Lossen auf den Namen Abraham.
Fortan heißt der Bach Kleiner Jordan.

Dr. Günter Keil

Für die Technik verantwortlich:

Eckart Schramm

30

Quellenverzeichnis:

Löbe, Geschichte der Kirchen und Schulen des Herzogthums Sachsen/Altenburg; 1886

Kirchenchronik Tegkwitz 1688-1869

Martin Luthers Von Ordnung Gottesdiensts, Taufbüchlein, Formula Missae et Communionis: 1523

Im Hauptstaatsarchiv Weimar befindet sich im Bestand „Ernestinisches Gesamtarchiv – Registrande O (Wittenberg, Jena, Spalatin, Ehesachen)" eine Akte zu den Anschuldigungen gegen Kratzsch wegen Ehebruchs im Jahr 1539 – Pfarrer in Teckwitz (Tegkwitz) Bartholomäus Kratz ist des Ehebruchs beschuldigt worden

- Archivalien-Signatur: 1434
- Bestandssignatur: 6-11-0017
- Datierung: 1539

Über die Autorin Arnhild Kump

Arnhild Kump wurde im Januar 1954 in Altenburg geboren und lebte bis März 2002 mit Unterbrechungen in Tegkwitz. Nach dem Schulbesuch in Gödern, wurde sie zur Kinder- und Jugendsportschule in Leipzig delegiert. Nach Leistungssport und Studium wohnte sie in Böhlen und arbeitete im dortigen Chemiewerk als Diplomingenieur für Chemieanlagenbau, später im Braunkohlenkraftwerk Lippendorf als Dienstleistungseinkäuferin. Nach der politischen Wende 1989 kehrte die Autorin 1992 in die Heimat nach Tegkwitz zurück. Von hier aus arbeitete sie für den evangelischen Kirchenkreis Altenburg in den Archiven, im Bauwesen und in der Öffentlichkeitsarbeit.

2001 pilgerte Arnhild Kump, früher Ratsch, von Monstab nach Rom und übergab dort Papst Johannes Paul II. persönlich Ökumenische Grußbotschaften der Christen in Thüringen, Sachsen und SachsenAnhalt und aller Kirchen der Schweiz sowie der Evangelisch Lutherischen Kirche von Italien.

Von 2002 bis 2006 arbeitete sie in der Schweiz im Pilgerzentrum St. Jakob in Zürich. Seit 2006 lebt sie in Wien und leitet dort seit 2009 das Ökumenische Pilgerzentrum Wien. Trotz langjährigem Auslandsaufenthalt bleibt die Autorin eng mit der Heimat verbunden und nimmt regen Anteil an der Entwicklung des Altenburger Landes.

Zeitfracht Medien GmbH
Ferdinand-Jühlke-Straße 7
99095 Erfurt, Deutschland
produktsicherheit@kolibri360.de